Pierre PARENT

LA POLITIQUE INDIGÈNE AU MAROC

IMPRIMERIE NOUVELLE
RABAT

Pierre PARENT

LA POLITIQUE INDIGÈNE AU MAROC

IMPRIMERIE NOUVELLE
RUE DE LA MAMOUNIA
• • • • RABAT • • • •

La Politique Indigène au Maroc

Qu'est-ce que la politique indigène ?

Pour certains pontifes, c'est le droit exclusif de s'occuper de tout ce qui touche à l'indigène au point de vue intellectuel, matériel ou moral.

Pour moi, c'est une application ardente et concertée de tous, au mieux être, à une vie meilleure de tous les habitants de ce pays.

C'est pourquoi, au risque d'encourir l'anathème des pontifes dont je parlais tout à l'heure, je prétends que tous les Français habitant le Maroc doivent s'occuper de politique indigène et que c'est pour eux un devoir auquel ils ne peuvent se soustraire.

Est-ce à dire qu'ils doivent le faire sans méthode ?

Est-ce à dire qu'ils doivent empiéter sur les prérogatives du Gouvernement ?... Non point.

Une activité, aussi généreuse soit-elle, a besoin d'être disciplinée. Il est d'autre part certains domaines où seule l'action gouvernementale peut utilement s'exercer.

Mais pour agir il faut avoir un programme, savoir ce que l'on veut faire et le but que l'on veut atteindre.

Faire son devoir est toujours relativement facile. Savoir où est son devoir est quelquefois plus malaisé.

Je suis persuadé que nombreux sont mes compatriotes aux sentiments généreux qui sentent qu'il y a quelque chose à faire, mais qui n'osent pas se lancer dans l'action parce qu'ils estiment qu'ils ne possèdent pas toutes les données du problème.

Je vais essayer de dégager quelques idées, de dire comment je conçois la Politique Indigène.

Je n'ai, bien entendu, pas la prétention d'exprimer quelque chose de définitif. Ma compétence sur les diverses questions que je vais traiter est limitée, et des avis différents du mien peuvent être exprimés avec la même bonne foi et le même souci de bien faire. Mais j'ai l'impression qu'il manque à notre action, ici, un plan d'ensemble, des directives bien nettes suivant lesquelles un travail fécond peut être poursuivi. Essayer d'apporter ma pierre à l'édification de ce plan, voilà mon seul souci, en souhaitant que tous les Français du Maroc collaborent à cet échange d'idées dont devrait sortir une doctrine.

La France, installée au Maroc, a ici beaucoup de devoirs et quelques droits. Peu m'importe de savoir si c'est à tort ou à raison qu'elle est venue ici, pas plus qu'il ne m'importe de savoir s'il était juste ou non que les arabes fissent, en son temps, la conquête de ce pays.

J'envisage uniquement les faits et ce n'est pas en épiloguant sur le passé qu'on change le présent.

La France a trouvé ici un peuple ayant de solides qualités et de nombreux défauts, peuple qu'elle a pris en charge et dont elle est comptable. Elle a trouvé une maison qui menaçait ruine et s'est occupée à la réparer, à la consolider et à l'embellir ; cela lui donne des droits.

Sa présence au Maroc lui impose des devoirs ; ses droits sont fonction de son œuvre ici.

La Politique Indigène, à mon sens, comprend deux aspects : l'Action Gouvernementale et l'Action des Particuliers.

Ces deux actions, qui peuvent être étayées par toutes les bonnes volontés qu'il faut encourager, doivent cependant s'exercer en dehors de toutes les « Eglises » que sont nos différents partis politiques. Bien faire n'est l'apanage de personne, c'est le devoir de tous.

En politique indigène, l'action du Gouvernement doit se poursuivre à la fois vis-à-vis des indigènes et vis-à-vis des Français, avec comme but suprême de satisfaire les intérêts Français et les intérêts Marocains, les uns ne devant jamais être exclusifs des autres.

Je vais examiner comment je conçois cette action gouvernementale d'abord vis-à-vis des Indigènes, puis vis-à-vis des Français. Nous verrons, ensuite, dans quel sens l'action des Particuliers peut seconder celle du Gouvernement.

L'action gouvernementale en ce qui concerne la religion musulmane

Respecter la religion musulmane qui est la religion de l'énorme majorité de nos protégés, en faciliter l'exercice à tous les Marocains, voilà le devoir du Gouvernement qui doit, de plus, exiger le même respect de la part des collectivités ou des particuliers non musulmans.

Mais il ne faut pas tomber dans l'excès contraire.

Respecter une religion et en faciliter l'exercice, cela n'a jamais voulu dire imposer une religion. Notre action ne doit pas créer une intolérance religieuse là où elle n'existait pas. C'est ce que nous avons fait, quelquefois, me semble-t-il, et je m'explique.

Nous avons pris, en 1913 je crois, et ce, dans une excellente intention, un dahir interdisant aux Indigènes Musulmans la consommation de boissons fermentées. Ce faisant, nous avons obéi à un double souci. Nous avons voulu, d'abord, prouver à nos protégés en quelle estime nous tenions leur religion ; nous avons voulu ensuite éviter chez les Marocains les ravages de l'alcoolisme.

Je crois que nous avons commis une double erreur. Erreur d'abord au point de vue religieux : car en imposant aux Marocains certaines pratiques confessionnelles, nous allons contre les préceptes coraniques eux-mêmes. N'est-ce pas en effet au verset 257 de la sourate de la vache que se trouve une des plus belles paroles du Coran « Pas de contrainte en religion ».

D'autre part, l'exemple des Etats-Unis nous prouve que le régime sec imposé n'est jamais observé, bien au contraire ; la chose défendue ayant beaucoup d'attrait pour les hommes. Nous pouvons également le constater ici.

Notre action a, du reste, manqué de logique. Nous devrions également interdire aux Musulmans et Israélites de consommer du porc ; imposer aux Musulmans le jeûne en période de Ramadan ; interdire aux Israélites l'usage de tout vin, autre que le vin cachir.

Certes, il est de notre devoir de défendre les indigènes contre l'alcool qu'ils supportent moins bien que nous car ils n'ont pas notre accoutumance et notre atavisme.

Mais pour ce faire, il me paraîtrait logique de décider que la vente de boissons alcoolisées ne pourra avoir lieu que dans les quartiers européens. Le résultat obtenu ne serait, à mon sens, pas inférieur à celui qu'on peut observer actuellement et qui est loin d'être brillant. Par notre interdiction, nous incitons, en effet, les indigènes à goûter au fruit défendu.

En résumé : respect absolu de la religion musulmane dont l'exercice devra être facilité (édification de mosquées, création d'écoles coraniques partout où besoin se fera sentir, développement des études théologiques si cela est nécessaire).

Mais comme le dit le Coran lui-même : aucune contrainte, de quelqu'ordre qu'elle soit.

Action gouvernementale en ce qui concerne la Justice indigène

L'action gouvernementale doit s'exercer dans ce domaine profondément et rapidement.

Nos protégés sont assoiffés de justice et ce n'est un secret pour personne que le régime actuel ne répond ni à leurs désirs ni à leurs besoins.

Le Gouvernement se doit, après avoir procédé à toutes les consultations nécessaires et désirables — et il en a eu très largement le temps — d'instaurer ici un régime de la justice indigène qui n'aura nulle peine à être meilleur que celui qui existe, régime qu'on pourra améliorer et perfectionner par la suite.

Si je ne m'abuse, il y a une tendance, dans ce pays, à soustraire aux juridictions indigènes certains litiges où seuls des Marocains sont en cause. Je suis persuadé que ces initiatives partent d'une excellente intention et j'y vois la preuve du désir de donner à nos protégés le plus de garanties possible. Mais, n'y a-t-il pas là une erreur de méthode ? Soustraire certains cas à la juridiction indigène à cause de l'imperfection de cette dernière est peut-être bien. Améliorer la justice indigène de façon qu'elle puisse connaître au mieux des intérêts de ses ressortissants, tous les litiges concernant les Marocains me paraît être encore mieux. Il est évident que la seconde méthode est plus difficile que la première, mais elle est aussi plus logique et plus conforme aux devoirs que nous avons assumés dans ce pays.

Je m'en voudrais d'entrer ici dans des détails qui sont de la seule compétence des techniciens dont je ne suis pas ; mais il me paraît que la justice ne peut être rendue que par des juristes. Il faut que les Marocains aient des juges qui connaissent leurs traditions et leurs mœurs, mais qui doivent aussi connaître le droit. Des juges qui doivent être des gens de moralité parfaite, ayant passé au crible d'examens, de concours, et donner aux justiciables toutes les garanties que ces derniers sont en droit d'exiger.

C'est à nous de faire en sorte que le recrutement de ces juristes soit possible ; c'est à nous d'agir pour que la justice indigène ne soit pas une caricature de justice, mais une justice offrant les mêmes garanties que la justice française qui, sans être hélas la perfection, constitue cependant un immense progrès.

Action gouvernementale dans le domaine économique et social

Il s'agit là de questions extraordinairement complexes, extrêmement importantes et qui conditionnent la vie même de ce pays.

Pour pouvoir les examiner avec plus de clarté, il convient d'en étudier séparément les différents aspects : impôts, agriculture, artisanat, prolétariat. Etude certainement très incomplète mais à laquelle peuvent facilement s'ajouter ou se superposer d'autres études plus poussées ou plus qualifiées.

LES IMPOTS. — Par essence même, les impôts sont toujours et partout impopulaires. Rien n'est plus désagréable que de payer, peu ou prou, directement ou indirectement, des redevances à l'Etat, même lorsqu'on estime qu'elles sont parfaitement justifiées. A plus forte raison, est-il intolérable de payer des impôts que l'on juge injustes et inéquitablement répartis.

Or, les Indigènes ont au Maroc l'impression très nette, et ils le disent, qu'ils sont injustement frappés par les impôts ; que les sommes qu'ils versent, sommes considérables par rapport à l'ensemble du budget, sont employées à des buts qui favorisent beaucoup plus l'Européen que l'Indigène.

Cette impression correspond à une réalité ou à une inexactitude. Si cela est vrai, il faut y remédier ; si cela est faux, il faut l'expliquer et le prouver à nos protégés. Il est du reste très probable qu'il y a dans cette affirmation des indigènes du vrai et du faux. Du vrai, parce que très certainement des erreurs et des exactions ont été commises et se commettent encore ; du faux, parce que les Marocains ne se rendent pas toujours compte que la mise en valeur et l'équipement d'un pays nécessitent des mises de fonds dont le résultat n'est pas tangible immédiatement.

S'il y a des erreurs et des exactions, il faut les faire disparaître au plus tôt ; frapper sans pitié les hommes si les responsables sont les exécuteurs de la loi, ou modifier la loi si cette dernière est telle que son application engendre des abus.

Mais il importe surtout que le Gouvernement ne ménage pas ses explications à nos protégés qui y ont droit. Il est toujours intolérable et cela serait d'autant plus incompréhensible dans un régime de protectorat, qu'un Gouvernement décide « ex cathédra » en vertu de je ne sais quel dogme d'infaillibilité devant lequel tous devraient s'incliner.

Nous ne sommes pas ici des Officiers commandant une troupe qui doit exécuter des ordres sans chercher à les comprendre ; nous sommes des éducateurs et des professeurs dont la mission consiste à donner des explications à nos élèves et à leur faire comprendre. Si l'élève comprend mal, c'est peut-être de sa faute, mais c'est peut-être aussi de la faute du professeur qui ne doit, en tous les cas, rien négliger pour être à l'abri de ce reproche.

Ceci n'est pas spécial à la question des impôts, et dans tous les domaines, nous devons à nos protégés des explications plusieurs fois répétées, d'autant plus que nous avons affaire ici à des gens quelquefois simples mais possédant la plupart du temps beaucoup de bon sens et un esprit très compréhensif.

Pour en revenir aux impôts, l'énorme majorité de ceux-ci est payée par les indigènes ; la fiscalité pèse lourdement sur eux et il importe de l'alléger, ce qui ne se fait guère, bien au contraire. Un simple exemple illustrera ma pensée : si on admet que depuis 1929 la plupart des produits agricoles ont baissé dans des proportions allant quelquefois jusqu'à 50 %, tandis que les droits de marché n'ont subi aucune révision, on reconnaitra qu'en fait, c'est comme si l'on avait doublé ces mêmes droits de marché.

Pour la mise en valeur de ce pays, pour son équipement, nous avons dû mettre en jeu des sommes considérables, soit prélevées sur l'impôt, soit provenant d'emprunts, ce qui revient au même.

Il importe que les indigènes ressentent les bienfaits de ces réalisations auxquelles ils ont contribué puissamment. Il importe qu'on leur explique que ces réalisations peuvent ne pas être immédiates. Il importe qu'on leur donne la preuve qu'ils ne sont et ne seront pas oubliés, que l'on pense à eux et qu'on leur réservera la grosse part à laquelle ils ont droit.

AGRICULTURE. — Nous sommes dans un pays grand comme les deux tiers de la France et qui n'a pas plus de 5.000.000 d'habitants ; pays essentiellement agricole, capable de pouvoir nourrir trois fois plus d'habitants qu'il n'en a.

Or, c'est un fait, que la majorité des habitants indigènes sont sous-alimentés, mal vêtus, mal logés.

Certes, la responsabilité d'un tel état de choses leur incombe en partie et la paresse ou l'imprévoyance sont souvent à la base de certaines situations lamentables. Mais il serait trop facile de s'en tenir à cette excuse et nous devons nous demander si nous avons fait tout ce que nous devions pour porter remède à un état de fait aussi déplorable.

Je sais que certains indigènes nous font un grief d'avoir, par nos programmes de colonisation en faveur de nos nationaux, dépossédé certains marocains et causé une misère plus grande dans le bled. Je n'en crois rien. Je ne prétendrai pas que pour la réalisation du programme de colonisation tout a toujours été fait pour le mieux et que nous soyons sans reproches ; mais il suffit de parcourir le Maroc pour y constater l'existence de formidables étendues de terrains incultes et fertiles, et pour se rendre compte qu'il y a encore beaucoup plus de terres qu'il n'en faut pour permettre à chacun de gagner sa vie largement.

Comment, malgré cela, la misère peut-elle être si grande dans le bled ? Le paysan Marocain auquel nous avons donné ce qu'il n'a jamais connu avant notre venue : la sécurité, devrait, par son travail, pouvoir augmenter sensiblement son standing de vie. Quant à nous, nous devons être un stimulant par notre exemple.

Certes, à la suite de cette sécurité que nous avons apportée au pays, à la suite des travaux qui ont amené la route ou le chemin de fer dans presque tous les coins du Maroc, le paysan marocain a des possibilités qu'il n'a jamais eues. Il est protégé également contre la famine totale qui dévastait de façon endémique certaines régions de ce pays.

Mais il est à l'heure actuelle voué à une médiocrité à laquelle nous devons remédier.

Le Gouvernement s'est occupé, et il a eu raison, d'implanter ici des colons Français. L'idée était bonne et l'action commencée doit être continuée ; mais cela n'est pas suffisant.

Examinons la situation présente. Que voyons-nous ? Des quantités de terrains incultes mais pouvant être aménagés et équipés ; une population indigène ayant l'amour de la terre et qui, bien dirigée, peut faire de l'admirable travail.

Faisons donc ici de la colonisation intérieure, augmentons le pouvoir d'achat de tous ces indigènes en augmentant leurs possibilités de production.

Excellente opération, emploi judicieux de capitaux français disponibles en même temps qu'œuvre de haute humanité.

Les Anciens Combattants ont eu l'initiative d'une tentative de ce genre ; ils n'ont pas réussi, mais cela ne doit pas nous décourager. D'abord, parce qu'il est rare que l'on puisse arriver au but du premier coup et ensuite parce que les éléments indigènes auxquels ils s'adressaient n'étaient pas aptes à ce que l'on exigeait d'eux.

Ne serait-il pas possible de créer des lots équipés (je dis équipés), dont je laisse aux techniciens le soin d'apprécier la superficie et d'y installer des familles d'indigènes qui auraient à payer un loyer très modéré et qui, pendant un temps déterminé, n'auraient pas le droit de vendre leurs biens ? Ils ne deviendraient réellement propriétaires qu'après l'exécution de certaines conditions.

Dans ces agglomérations, installer deux ou trois colons français auxquels des avantages indéniables seraient consentis mais dont on exigerait également une mission : ils devraient s'engager à guider, à conseiller les indigènes qui les entourent à leur servir en quelque sorte de moniteurs. Bien entendu, ces colons devraient connaître l'arabe, être de parfaits honnêtes gens, et les engagements qu'ils prendraient ne seraient pas purement moraux. Ils devraient faire des conférences, donner des leçons pratiques à leurs voisins.

Utopie, dira-t-on ! ! Je ne le pense pas. Je ne crois pas que cette idée soit d'une réalisation totale immédiate, mais je crois que son application est possible et doit commencer tout au moins dans certaines régions. En tout cas, je vois fort bien ces lots mis à la disposition des Marocains sortant des Ecoles Indigènes d'Agriculture qu'il faudra cependant bien se décider à créer au Maroc.

Mais, me dira-t-on, faire produire l'indigène, c'est très joli ; or, nous n'arrivons déjà pas à exporter ce que nous produisons à l'heure actuelle...

J'entends bien ; mais je ne cherche pas en ce moment la possibilité d'exporter. Je cherche simplement la possibilité d'alimenter rationnellement les indigènes.

Je sais que l'on n'a pas pu exporter tout le blé produit au Maroc. Je sais que l'on a dû dénaturer du blé pour l'utiliser. Mais je sais aussi que beaucoup d'indigènes, non seulement n'ont pas pu manger de blé, mais même n'ont pas pu manger d'orge, et cela est inadmissible.

Il faut donc croire que l'indigène ne produit pas suffisamment pour se nourrir.

Bien entendu, cette idée de colonisation intérieure a besoin d'être revue et mise au point par des techniciens ; la théorie est toujours facile, la réalisation pratique l'est moins. Nous ne manquons pas de techniciens, de bonnes volontés agissantes qui ne demanderont pas mieux que d'étudier cette suggestion, de l'amender le cas échéant, et d'en poursuivre l'application rapide.

Envisageons seulement la question actuelle. N'est-il pas possible de l'améliorer ? Sur certains points, si.

Combien de fois n'ai-je pas été surpris dans mes pérégrinations dans ce pays, de ne rencontrer que très peu de jardins potagers et de voir des gens mourir de faim ou presque à côté de richesses naturelles, toutes proches. J'ai été frappé par ce fait que dans des régions où poussent en abondance des légumes sauvages, les indigènes ne savaient pas les utiliser. De plus, ils ne cultivent rien, alors que très souvent ni le temps, ni l'espace, ni l'eau ne leur manquent.

J'ai moi-même fait une propagande personnelle en faveur du jardin cher à tous les Français. Je n'ai pas été le seul et dernièrement dans le Gharb, j'ai vu le résultat heureux de cette propagande. Il faut qu'elle s'intensifie ; il faut que les indigènes sachent cultiver des légumes de première nécessité, sachent utiliser les légumes sauvages qui peuvent leur fournir un appoint précieux dans leur nourriture ; il faut faire à travers ce pays la croisade du jardin qui peut sauver bien des familles.

N'est-il pas utile également de remédier à la situation lamentable en ce qui concerne le logement d'une grande partie d'indigènes qui, à l'heure actuelle encore, vivent sous la tente, c'est-à-dire exposés à toutes les intempéries, et chez lesquels on constate une mortalité infantile effroyable. Les huttes que les poilus du front construisaient à l'arrière, lors des périodes de repos, étaient des palaces à côté de la plupart des tentes sous lesquelles des familles entières vivent ou plutôt végètent. Il n'est pas question de bâtir des villas pour tous ces braves gens ; mais que l'on fasse construire seulement de ces huttes dont je parlais tout à l'heure et pour lesquelles il faut un peu de terre glaise, quelques branchages et du chaume. Des équipes parcoureraient le pays, montreraient aux habitants comment, en 48 heures, sans frais, on peut construire une cabane bien étanche, de plusieurs pièces, qu'il est loisible d'abandonner pour en construire une autre plus loin si on a besoin de se déplacer.

Que des primes, sous une forme ou sous une autre, soient données à ceux qui auront les constructions les plus coquettes et les mieux agencées.

Je sais que certains trouveront mon souci exagéré et que l'on me répondra que les blédards ont l'habitude de vivre comme cela et qu'ils s'en trouvent satisfaits. Les ploilus, eux aussi, avaient pris l'habitude de vivre dans une tranchée de boue et de recevoir des balles et des obus ; c'est une mauvaise habitude qui paraissait assez naturelle aux gens de l'arrière, et dont les combattants se sont très facilement débarrassés.

Les Indigènes, c'est vrai, ont l'habitude de vivre lamentablement ; ils prendront très facilement l'habitude d'avoir plus de bien-être et de confort.

ARTISANAT. — Nous avons trouvé, à notre arrivée au Maroc, une pléiade d'artisans à peu près organisés comme ils l'étaient chez nous au Moyen Age. Ces artisans disparaissent peu à peu, vaincus, paraît-il, par l'industrie européenne ou japonaise. Cela est profondément regrettable et il serait souhaitable, non seulement de les voir demeurer, mais encore croitre en nombre et en importance.

Est-ce donc si difficile ? Je comprends fort bien que la concurrence de l'industrie extérieure qui jette sur le marché quantités de produits fabriqués en série et à prix très bas, oblige certaines catégories d'artisans à disparaître. C'est en effet une loi naturelle que le gros mange le petit. Mais le propre de l'homme est de pouvoir quelquefois corriger la nature : ne pourrait-on ici protéger un peu le petit ? Je crois savoir que l'on essaie en haut lieu de corriger dans ce sens notre système douanier. Ce serait une excellente chose. Mais à côté de cela, n'est-il pas possible, dans certaines branches spécifiquement marocaines, de développer l'artisanat ? Je sais que des efforts louables ont été tentés, mais ces efforts sont, ce que j'appellerai, conservateurs, en ce sens qu'ils se bornent à faire produire des articles qui doivent être religieusement conformes à une tradition qu'à tort ou à raison on a décrétée orthodoxe et immuable.

Certes, copier les anciens est bien ; créer est mieux. L'un n'est du reste pas exclusif de l'autre. Cela doit être facile chez les indigènes qui, quoi qu'on en dise, ont une grande faculté d'adaptation et peuvent très bien faire quelque chose de nouveau tout en restant bien marocains.

Je voudrais que des recherches soient faites dans les différents domaines de la production, de façon à pouvoir encourager la création et la production chez les artisans marocains.

Bien entendu, en même temps, il faudrait s'occuper du placement possible des produits, tant au Maroc qu'à l'extérieur. Une propagande intensive en France et dans les autres pays me paraît indispensable et devra certainement porter ses fruits. Mais pour obtenir ce résultat, il faut de bons artisans, et pour avoir de bons artisans créateurs, novateurs, il faut des écoles. Nous aurons l'occasion d'en reparler.

PROLETARIAT. — La France n'a pas trouvé de prolétariat ici, mais le développement de ce pays a créé un prolétariat indigène et son sort n'est guère brillant.

Tout d'abord, ce prolétariat indigène, comme le prolétariat européen, est astreint à une durée de travail journalier excessive, dans un climat qui, s'il est sain, est cependant plus débilitant que celui d'Europe. Je dois dire, en outre, qu'il y a une fâcheuse tendance ici à faire passer, lors de la fixation des salaires, la question de race avant la question de rendement.

Certes, au début de notre occupation cela se concevait car à priori, l'ouvrier européen éduqué fournissait un rendement très supérieur à l'ouvrier marocain à peine dégrossi. Mais la situation a évolué, tout au moins dans certains corps de métiers où des ouvriers indigènes sont devenus aussi experts que des ouvriers européens. En général, et à part quelques exceptions peu nombreuses, ces ouvriers indigènes sont moins bien payés que leurs camarades européens qui, eux-mêmes, par les temps de crise que nous traversons, le sont en général fort mal. Cela est profondément injuste et je ne le comprends pas, pas plus du reste que je ne comprends qu'une femme fournissant le même rendement qu'un homme soit moins payée que lui, parce que femme

Le résultat est facile à comprendre. Mal payé, l'ouvrier indigène a conservé les mêmes habitudes de logement, d'habitation et de nourriture qu'avant notre installation au Maroc, avec cette différence qu'il est astreint maintenant à un travail beaucoup plus dur et beaucoup plus soutenu. Je crains que cette situation n'ait des répercussions sur la race et il importe d'y veiller.

A travail égal, salaire égal, voilà, me semble-t-il, une formule très juste. Il est normal que l'ouvrier indigène soit payé au prorata du rendement qu'il fournit, ce qui permettra aux meilleurs d'augmenter leur standing de vie, et ce qui sera un précieux encouragement pour tous les autres.

Je sais que cette façon de faire peut présenter un danger : celui de permettre aux employeurs d'avilir les salaires en faisant l'égalité par le bas, c'est-à-dire en payant les ouvriers européens aussi mal que les ouvriers indigènes. C'est au Gouvernement à prendre toutes dispositions (et il le peut dans un pays où la législation est pure affaire gouvernementale) pour empêcher des manœuvres qui seraient à la fois préjudiciables à l'élément européen et à l'élément indigène.

J'ai dit, tout à l'heure, que les ouvriers Marocains étaient mal logés. J'ai parlé à ce point de vue de la situation lamentable de certains indigènes du bled ; celle de certains ouvriers marocains est quelquefois plus digne de pitié encore. Ou bien ils logent dans les villes indigènes dans d'effroyables taudis, dans une promiscuité lamentable, ou bien ils vivent aux alentours de la ville dans des douars où l'hygiène et la propreté sont des mots qui n'ont point leur application.

N'est-il pas possible de remédier à cet état de choses déplorable ? Ne peut-on envisager la création de cités ouvrières indigènes, sans aucun luxe, où les habitants pourraient trouver un minimum de confort et d'hygiène ? Je le crois.

Et sans vouloir entrer dans des détails d'application qui ne sont pas de ma compétence, j'estime qu'il faut à ces questions une réalisation rapide. Les étudier c'est bien ; les étudier indéfiniment c'est trop ; une réalisation incomplète et imparfaite vaut mieux que pas de réalisation du tout, l'amélioration restant toujours possible.

Domaine médical

Il est indéniable que dans ce domaine rien n'existait et que nous avons tout créé. Nous avons amorcé du bon travail.

Nous avons, en général, des médecins dévoués, des hommes de cœur. Mais là aussi notre œuvre, bien commencée, est encore incomplète et insuffisante. Nous avons construit une admirable façade. C'était peut-être indispensable ; mais il faut nous préoccuper à l'heure actuelle de ce qui est derrière la façade et nécessite des améliorations.

De nombreux indigènes du bled sont encore sans service médical, car je n'appelle pas service médical, les apparitions espacées sur les différents souks, de médecins dont la bonne volonté ne peut suppléer trop souvent au manque d'instruments ou de médicaments. Le nombre d'infirmeries indigènes est infime et ne correspond pas aux besoins. Je voudrais que dans chaque agglomération indigène il y eut un infirmier qui pourrait, le cas échéant, vendre aux indigènes qui le demanderaient, des médicaments dont la nomenclature serait soigneusement fixée. Distribuer gratuitement des médicaments au Marocains est parfait. Mais il ne faut pas que ce soit une excuse à leur remettre certains produits au compte gouttes sous prétexte que ne payant pas, ils n'ont rien à exiger.

Je voudrais voir des hôpitaux indigènes, tant pour les hommes que pour les femmes, agencés sur le modèle de nos hôpitaux européens. Je voudrais que les malades soient suivis, notamment en ce qui concerne ce fléau qu'on appelle la syphilis. Je sais que cela est très difficile et que l'indigène soigné, qui commence à aller mieux, se croit facilement guéri et ne va plus revoir le médecin. Cela ne me paraît pas cependant impossible. Puisque l'on trouve les indigènes pour leur faire payer les impôts, on doit aussi les trouver pour les soigner.

Je voudrais voir des hôpitaux pour enfants ; hôpitaux conjugués avec des orphelinats dont le besoin se fait sentir ici de façon pressante. Je voudrais enfin que l'indigène ait immédiatement, en cas de déficience ou de maladie, les mêmes possibilités que nous avons nous-mêmes ; et j'avoue que j'aurais préféré, dans cet ordre d'idées, que la décoration de la façade se fît après le gros œuvre.

Nous avons, je crois, abaissé le taux de la mortalité chez nos protégés. Mais nous l'avons abaissé, si j'ose dire, scientifiquement. Nous avons jugulé les maladies et les épidémies par le sérum et le vaccin ; notre idéal ne doit pas être que nos protégés ne soient pas malades, nous devons avoir pour but de fortifier et d'améliorer la race.

Les bains maures devraient être multipliés, ainsi que les stations de désinfection et d'épouillage, à condition qu'elles ne soient pas ce qu'elles sont souvent, l'occasion d'une simple formalité administrative.

Dans les villes, la lutte contre le taudis doit être la préoccupation dominante de nos dirigeants. N'oublions pas que la santé morale est souvent conditionnée par la santé physique elle-même résultante d'une hygiène bien comprise.

Nous avons fait ici du bon travail. Nous pouvons, et nous nous devons de faire encore mieux.

Instruction

L'instruction est pour le Français d'une importance telle qu'il l'a rendue chez lui gratuite et obligatoire. C'est dire qu'elle lui paraît le moyen idéal d'élever le niveau moral et intellectuel d'un peuple.

Ceci n'est pas spécial au peuple français et doit s'appliquer à tous les peuples, en particulier aux habitants du Maroc.

Partant de ce principe, il semblerait donc que nous avons dû faire ici des efforts considérables en faveur de l'instruction des masses. L'affirmer serait léser la vérité, et si les possibilités de l'élément européen en matière d'intruction sont assez étendues, il faut bien constater qu'il n'en est pas de même en ce qui concerne l'élément inigène. Certes, il faut le dire à notre excuse, la tâche est formidable et nécessite de très gros efforts. Mais nous avons accompli d'autres tâches aussi formidables et celle-ci ne dépasse ni nos forces ni nos possibilités.

Que faut-il aux Marocains ? Une instruction générale minima qui leur permette d'être des hommes qui pensent, qui raisonnent, qui peuvent se faire une opinion.

De plus, il faut faire ici de bons agriculteurs, de bons commerçants et artisans, de bon ouvriers, de bons fonctionnaires. Si nous pouvons faire des ingénieurs, des professeurs, voire même des savants, ce sera parfait, mais cela est secondaire puisque n'intéressant pas la masse.

En ce qui concerne l'instruction générale dont je parlais plus haut, je suis partisan de l'école primaire qui a fait ses preuves en France. Personnellement, je serais même partisan de l'école primaire mixte pour Marocains et Français, estimant que cette formule permettrait dès l'enfance des rapports étroits entre les deux éléments de la population et les ferait mieux se connaître. Si cependant cela était irréalisable (peut-être y a-t-il une difficulté pour l'enseignement religieux des Marocains) je considérerais comme un pis aller, la création, à côté de ces écoles mixtes, d'écoles indigènes ayant le même programme. Le choix resterait donc possible aux intéressés.

Je voudrais également que dans toutes les écoles du bled, des notions primaires d'agriculture soient enseignées et que l'on n'oublie pas que dans ce pays, tout est fonction de l'agriculture et que rien ne vit que par elle.

A côté de ces écoles primaires, il faut des écoles professionnelles pour les artisans et ouvriers, des écoles d'agriculture pour la masse des petits paysans. Ecoles qui permettraient à ceux qui en sortent, soit de mieux tirer parti de leur parcelle de terrain, soit de pouvoir se placer facilement chez de gros propriétaires, soit de gagner normalement leur vie comme ouvriers spécialisés.

Pour ce qui est de l'enseignement secondaire ou supérieur, qu'il soit réservé, non à une aristocratie d'argent, mais à une élite franco-marocaine. élite qui aurait fait ses preuves par un concours à l'admission.

Ce programme qui peut paraître simple nécessite en fait beaucoup d'argent et de travail. Il peut être amélioré, remanié. Mais que ce soit celui-là ou un autre, il faut qu'il y ait un programme et que ce programme soit connu. Il faut que l'on sache où l'on va.

Nous ne sommes guère encouragés, prétendent certains de mes compatriotes, à propager l'instruction chez les indigènes, car les principaux adversaires de notre œuvre ici ont été formés par nous. Ils ont conservé tous leurs travers et se sont admirablement assimilé nos défauts sans prendre aucune de nos qualités.

Certes, quelques jeunes, sortis de nos écoles, ne sont vraiment pas à citer en exemple. Mais pourquoi généraliser ? Beaucoup d'autres, très intéressants, sont devenus des hommes d'un jugement sûr, qui, sans renoncer à leur juste droit de critique — ce qui est tout naturel — font honneur à l'enseignement qu'ils ont puisé chez nous.

Reconnaissons du reste qu'avec notre système actuel, beaucoup de ceux qui ont entrepris leurs études n'ont pu aller jusqu'au bout. Nous en avons fait des « ratés », des « aigris ». Nous leur avons en effet entr'ouvert un monde dont ils ont pu apprécier tout le charme et où ils ne pourront jamais pénétrer.

Pour ce qui est de certains autres qui étaient mieux doués, ou qui avaient plus de chance, nous les avons menés jusqu'au bout de la route et là, nous les avons abandonnés à eux-mêmes. Nous avons cru qu'il leur suffirait d'être des dilettantes, se divertissant au jeu subtil des idées. Nous n'avons pas compris qu'à eux comme à nous s'appliquait le proverbe « primum vivere deinde philosophari ». Nous leur avons donné des ailes mais nous ne nous sommes pas souciés de leur réserver l'espace où ils pourraient voler.

Il n'est pas trop tard pour bien faire : mettons-nous résolument au travail.

Je voudrais également qu'au point de vue enseignement, la femme indigène ne soit pas oubliée. Question délicate s'il en fut, mais qui ne doit pas être mise de côté parce que délicate. Et que par tout le pays soient multipliés des ouvroirs bénévoles (nous ne manquons pas de bonnes Françaises qui y donneraient tous leurs soins) ou un rudiment d'enseignement pratique serait donné aux jeunes filles indigènes qui le désireraient. La plupart des femmes indigènes ne savent en effet même pas coudre. Quelques leçons leur suffiraient pour pouvoir être à même d'assurer l'entretien de leurs vêtements, ceux de leurs enfants et de leur époux, ce qui ne pourrait que contribuer à rehausser la dignité familiale.

La presse

La liberté de la presse est chère à tous les Français. Dans tous les mouvements révolutionnaires qui ont eu lieu, ils l'ont farouchement réclamée. Ils l'ont aujourd'hui, ou du moins croient en jouir, car il suffit de lire les dernières révélations du « Crapouillot » pour rester bien sceptique.

Qu'est-ce en fait que la liberté de la presse ? Elle est fort bien définie dans la Déclaration des Droits de l'Homme dont l'article XI dit : « La libre communication des pensées et des opinions est un des droits les plus précieux de l'homme : tout citoyen peut donc parler, écrire, imprimer librement, sauf à répondre de l'abus de cette liberté dans les cas déterminés par la loi ».

Cette liberté de la presse peut-elle exister au Maroc ? Je le crois.

Je ne vois pas en quoi une presse arabe ou française libre peut être un inconvénient ici, surtout depuis que la pacification complète de ce pays a mis un terme aux opérations militaires qui parfois exigent un secret absolu. Que la loi punisse l'injure, la calomnie, la propagation de fausses nouvelles ; rien de plus juste et de plus normal. Mais il ne serait pas logique de brider la presse par avance, sous prétexte qu'elle peut jouer un rôle néfaste. Faisons confiance à nos protégés : à nous de sévir si nous nous apercevons que cette confiance est mal placée. Et si même certains trahissaient cette confiance, n'en rendons responsables que ceux-là mêmes et non toute une collectivité.

Théorie très juste, me répond-on, mais dont l'application pratique est déplorable. Personne ne conteste, en principe, les avantages de la liberté de la presse ; mais tout le monde n'en est pas partisan dans ce pays.

Personne ne conteste l'utilité de l'automobile, mais on interdit néanmoins aux jeunes gens âgés de moins de 18 ans de conduire.

Soit : si l'on estime que l'exercice de la liberté de la presse requiert, de ceux qui en bénéficient, un minimum de qualités, qu'on précise ces qualités et qu'on les exige des journalistes. Mais alors ! aurons-nous deux poids, deux mesures ? Exigerons-nous des journalistes Français le minimum de qualités que nous réclamerons des journalistes Marocains ?

Le problème me paraît délicat et c'est ce qui me fait rester partisan de la liberté de la presse. La charte du régime de la presse en France est la loi de 1881, modifiée quelque peu par la suite. Cette loi qui prévoit toute une série de délits, me paraît être suffisamment répressive, surtout si elle est appliquée convenablement, pour mettre quiconque à l'abri d'une licence exagérée de la presse.

Si l'on estime, et ce peut être avec juste raison, que cette loi a besoin d'être adaptée à la mentalité, aux coutumes des habitants de ce pays, rien n'empêche d'étudier les modalités de cette adaptation. Mais je crois que nous devons à nous-mêmes et à nos protégés la liberté de la presse indigène, en langue Arabe et en langue Française.

La presse en langue arabe pourrait atteindre la masse et sans que sa liberté soit en rien touchée, elle pourrait être pour le Gouvernement un précieux moyen d'expliquer, de se faire comprendre et de préciser son œuvre.

La presse en langue française pourrait servir à traduire aux Français habitant ce pays les sentiments et les besoins des indigènes, et être un trait d'union entre les deux éléments de la population.

Rien n'empêcherait du reste les journaux d'avoir, s'ils le veulent, des Comités de rédaction mixtes, ce qui pourrait éviter des outrances dans un sens comme dans l'autre.

Que la liberté de la presse soit tempérée par le juste souci de protéger les habitants et les institutions de ce pays contre une trop grande licence, tout-à-fait d'accord. Que le Gouvernement ait en mains la possibilité de réprimer cette licence, encore d'accord.

Mais, je le répète, pratiquons ici la politique de la confiance. Faisons confiance à nos protégés tout en faisant connaître ce à quoi s'exposent ceux qui, en abusant de cette liberté généreusement consentie, tenteraient de saboter la grande œuvre que nous avons entreprise ici et que nous devons mener à bien.

Administration

Pour administrer ce pays, nous avons une formidable armée de fonctionnaires dont les traitements absorbent plus de la moitié du budget total. Les indigènes disent très franchement qu'ils estiment ces dépenses exagérées alors qu'ils en paient la plus grosse part.

Il est évident que certains fonctionnaires ont été recrutés dans cette période d'euphorie où il semblait qu'on n'arriverait jamais à dépenser suffisamment.

D'autres ont été choisis pour répondre à certaines ambitions électorales sur lesquelles je ne m'étendrai pas.

Il est indéniable qu'il y a dans quelques services beaucoup trop de fonctionnaires, et surtout beaucoup trop de hauts fonctionnaires. Par contre, nous manquons, dans d'autres services, de gens idoines dont l'absence se fait sentir. Pour ne citer qu'un exemple, je crois que nous n'avons pas encore été capables d'instituer le contrôle des Cadis, faute de fonctionnaires compétents.

La France est venue au Maroc parce que la preuve lui semblait faite que ce pays était incapable de s'administrer par lui-même. Nous devons donc l'éduquer dans ce sens, c'est-à-dire, créer avec l'élite des indigènes, des Administrateurs formés à notre école, qui pourront prendre peu à peu la place normale à laquelle ils ont droit dans la conduite des affaires de leur pays. L'administration de ce pays doit recruter dans l'élément indigène (et les jeunes gens sortant de nos écoles me paraissent tout indiqués) des fonctionnaires qui, à priori, doivent dans l'avenir ne pas être inférieurs à leurs collègues Français.

Mais ce n'est pas suffisant. J'estime qu'ici aussi, nous devons réserver leur place aux jeunes. Certes, nul plus que moi n'est respectueux de l'âge et de l'expérience acquise au cours des années. J'estime qu'une assemblée uniquement composée de jeunes ne ferait pas de bon travail ; mais j'estime aussi qu'une assemblée composée de vieux serait dans le même cas.

Le mot expérience est quelquefois synonyme de manque d'initiative. Les jeunes gens tentent une affaire quand ils ont 20 chances pour eux et 80 contre ; les gens âgés n'entreprennent une action que lorsqu'ils ont 80 chances pour eux et 20 contre. Dans un cas comme dans l'aure, il y a exagération, et comme partout « in médio stat virtus ». C'est pourquoi je verrais volontiers de jeunes indigènes instruits être appelés à faire partie des municipalités choisies par le Gouvernement. Ils apporteraient là des idées neuves, des conceptions nouvelles, peut-être pas toujours très justes mais que l'on pourrait discuter avec eux. Mis ainsi devant des réalités, ils se rendraient compte que la théorie n'est pas toujours la pratique et il est très probable qu'ils seraient amenés à moins d'intransigeance. Ce serait, pour leurs collègues plus âgés, un stimulant, et pour eux-mêmes, une excellente école de pondération.

Action du gouvernement vis-à-vis des français

J'ai dit au début de cet exposé qu'un des aspects de la politique indigène telle que je la concevais, impliquait une action du Gouvernement auprès des Français habitant ce pays.

J'ose affirmer, en effet, que beaucoup de nos compatriotes habitant le Maroc, non seulement ignorent la langue de nos protégés, mais ne savent rien de leur culture, de leurs mœurs, de leurs habitudes. Ils ne s'y intéressent pas, soit par paresse d'esprit, soit parce qu'il leur paraît qu'ils n'ont rien à y voir. D'où une incompréhension mutuelle entre les deux éléments de la population de ce pays ; d'où des heurts et des froissements qui n'existeraient pas si les uns et les autres se fréquentaient davantage et pouvaient apprécier en meilleure connaissance de cause les différents mobiles qui les font agir. Le Gouvernement se doit d'amener une meilleure compréhension réciproque, un contact plus étroit entre Français et Marocains, et son action doit s'exercer dès l'école. Que tous les jeunes Français soient mis au courant de la Mission de la France ici, de l'œuvre qu'elle doit y accomplir, du but qu'elle poursuit et du devoir qui incombe à chacun de nous. Il faut que chaque enfant sache qu'il a ici plus de devoirs que ses camarades de la Métropole, une responsabilité morale plus grande, qu'il est ici un représentant de sa patrie.

Le Gouvernement doit, également, agir au régiment auprès des jeunes recrues qui, par gaminerie ou par ignorance, sont souvent les auteurs d'actes qui n'auraient aucune importance en France, mais qui ont le plus fâcheux effet sur l'esprit des indigènes.

Il faut de plus que le Gouvernement prenne ses dispositions pour que tous les Français habitant le Maroc, quelque soient leur âge et leur situation, soient à même de pouvoir, s'ils le veulent, apprendre les premiers éléments de l'arabe, et en particulier il est indispensable que les jeunes Français nés au Maroc n'ignorent rien de la langue du pays où ils vivent.

Pour ma part, je ne peux pas concevoir comme une chose admissible que des fonctionnaires qui sont en contact permanent avec le public marocain ne soient pas dans l'obligation de connaître l'arabe, alors que dans quelques villes frontières en France on demande à certains fonctionnaires de connaître la langue du pays voisin.

Le Gouvernement se doit également de faire connaître ses directives à tous les groupements qui réunissent les diverses catégories de citoyens Français au Maroc.

Des conférences doivent être faites aux Anciens Combattants, aux Officiers de Réserve, aux fonctionnaires, aux colons, aux médecins, pour leur demander leur collaboration à l'œuvre entreprise, pour leur faire comprendre que si le Gouvernement peut et doit agir dans le domaine matériel, intellectuel, législatif, les particuliers Français au Maroc peuvent avoir une influence considérable dans le domaine moral.

Le Gouvernement doit prendre aussi l'initiative de rapprocher Français et Marocains chaque fois qu'il le peut ; toute occasion doit lui être bonne pour permettre aux deux éléments de la population d'échanger des idées, de confronter des points de vue, en toute sincérité, en toute loyauté, en toute amitié, et ce, dans tous les milieux : milieux agricoles, milieux artisans et ouvriers, milieux intellectuels.

Quand le Gouvernement aura fait tout cela, quand le Gouvernement, animé des meilleures intentions, aura agi dans le sens d'une pleine compréhension réciproque et d'un rapprochement durable entre Français et Marocains, alors, ayant été juste, il aura le droit d'être particulièrement sévère pour tous les fauteurs de désordre quels qu'ils soient, d'où qu'ils viennent. Fort de son œuvre, fort des réalisations entreprises ou obtenues, il lui sera permis, sans faire fi des critiques courtoises qui pourraient lui être adressées, de se montrer impitoyable vis-à-vis de la mauvaise foi, de la calomnie ou d'un arrivisme intéressé.

Action des particuliers

Certes, en ce qui concerne la politique indigène telle que je la conçois, l'action du Gouvernement est d'une importance capitale. Elle doit cependant être renforcée par l'action des particuliers. Il est bien évident que cette action des particuliers ne peut, en aucun cas, être divergente de celle du Gouvernement. Elle doit en être l'auxiliaire précieux, pénétrer là où l'action du Gouvernement ne peut atteindre ou ne peut s'exercer que superficiellement. Elle doit être une action de détail, le Gouvernement ne pouvant agir que d'après des directives très larges. Elle doit être surtout une action sentimentale ; le Gouvernement, lui, ne pouvant guère faire de sentiment.

Comprendre les Marocains, s'efforcer de s'assimiler leur façon de faire, leur façon de voir, leur façon de penser, c'est le devoir de chacun de nous ici. A ce devoir s'ajoute celui de faire comprendre à nos protégés, l'idéal collectif Français et ce qui constitue le génie de notre Patrie.

Là encore cette action peut s'exercer sous différentes formes ; particulièrement et surtout dès l'enfance. Nous avons une coutume excellente en Europe, c'est celle qui consiste entre écoliers à choisir des correspondants étrangers avec lesquels on échange des idées et grâce auxquels on se perfectionne dans l'étude d'une langue.

Certes, ces échanges excellents en principe, ne donnent pas de résultats particulièrement probants dans la réalité, parce qu'il est rare, en fait, que les correspondants puissent se connaître autrement que par leurs lettres.

Combien plus grandes sont les possibilités que nous avons ici. Ne serait-il pas possible de faire une propagande intense auprès de nos jeunes écoliers pour que chacun d'eux ait un correspondant marocain avec lequel il n'échangerait pas des lettres mais qu'il verrait tous les jours, avec lequel il jouerait, qu'il recevrait chez lui, chez lequel il irait ; ce qui lui permettrait de faire connaître un peu de son cœur aux Marocains et de connaître un peu du leur.

De ces amitiés d'enfance combien subsisteraient par la suite ? Bien peu sans doute. Celles qui demeureraient seraient les meilleures et serviraient de premier ciment à un rapprochement franco-marocain solide et sincère.

Bien d'autres initiatives peuvent être prises dans ce genre d'idées ; il me souvient des timbres, du papier d'étain que je collectionnais dans mon jeune âge pour le rachat de petits chinois hypothétiques.

L'équivalent peut se faire en faveur de petits Marocains dont l'existence peut être facilement contrôlée.

L'élément français au Maroc peut et doit, par son attitude, être un précieux adjuvant de l'action gouvernementale. Sans rien perdre de leur dignité et sans amoindrir celle des Indigènes, les Français doivent créer ici une ambiance d'affectueuse confiance et chacun dans sa sphère, constituer des amis fidèles et des guides sûrs pour les Marocains qui doivent pouvoir compter sur eux.

Conclusion

La France a dans le monde une place remarquable. Il n'est pas exagéré de dire qu'elle doit cette place non seulement aux qualités dont ses enfants ont fait preuve, mais surtout aux idées qu'elle a toujours et partout répandues et qui ont fait d'elle un des guides des peuples.

Partout et toujours, les idées françaises de droit, de justice et d'humanité pure, ont été avidement recueillies.

Que les principes généreux qui de tous temps ont été les nôtres trouvent ici leur plus belle application.

Certes, nous ne sommes pas venus au Maroc faire une œuvre de pure bienfaisance et nous avons des intérêts respectables que nous ne devons pas négliger. Mais nous avons pris en mains les destinées d'un peuple mineur que nous devons conduire à sa majorité. Faisons-le en gens de bien et d'honneur que nous sommes.

Il existe à l'heure actuelle, dans ce pays, une inquiétude que je veux croire injustifiée, mais qui n'en est pas moins réelle. Avons-nous bien tout fait pour dissiper cette inquiétude ?

Avons-nous clairement exposé quelle serait notre action dans ce pays ? Quels étaient les buts que nous poursuivions ? Par quels moyens nous entendions les atteindre ? et quelles seraient les différentes étapes de notre travail ?

Le voyageur qui chemine péniblement sur une route poudreuse, écrasé par le soleil, continuera son chemin avec patience et persévérance s'il connaît les différents points d'eau où il pourra s'arrêter, se reposer et reprendre des forces. Mais s'il ne sait ni où ni quand il arrivera, comment pourra-t-il ne pas être impatient et désespéré ?

Mettons-nous résolument à la tâche. Je le répète encore une fois, ne négligeons pas nos intérêts, mais faisons aux Marocains la large place à laquelle ils ont droit. Associons-les à notre travail ; demandons-leur leur avis et donnons-leur le nôtre ; confrontons nos points de vue. Nous n'aurons pas toujours raison et ils n'auront pas toujours tort.

Sans avoir à poursuivre ici une œuvre purement désintéressée, ne soyons pas égoïstes et souvenons-nous toujours avec Anatole France « que la force véritable est dans la sagesse et que les nations ne sont grandes que par elle ».

Pierre PARENT.

IMPRIMERIE NOUVELLE
Rue de la Mamounia
RABAT

www.ingramcontent.com/pod-product-compliance
Lightning Source LLC
Chambersburg PA
CBHW060503050426
42451CB00009B/789